ORGANISATION

D'UN

SERVICE CHIRURGICAL

EN PROVINCE

LA NOUVELLE SALLE D'OPÉRATIONS

de l'Hospice-Général de Rouen

Par le docteur **A. CERNÉ**,

Professeur de clinique chirurgicale
à l'École de Médecine de Rouen.

ROUEN

Emile DESHAYS et Ce

Imprimeurs de *la Normandie médicale*

58, rue des Carmes, 58

1891

ORGANISATION
D'UN
SERVICE CHIRURGICAL EN PROVINCE

La nouvelle salle d'opérations de l'Hospice-Général de Rouen

Par le Dr A. CERNÉ.

Chargé depuis l'année 1886 du service chirurgical de l'Hospice-Général de Rouen, j'y trouvai une organisation matérielle très insuffisante, telle qu'on la trouve encore d'ailleurs dans la plupart des hôpitaux de province, et dans un certain nombre de ceux de Paris. Mon prédécesseur avait introduit l'usage constant des pansements humides et de la propreté ; mais on n'y connaissait point encore les réunions sans suppuration qui ne peuvent être obtenues qu'avec une stricte antisepsie. J'ai publié ailleurs la relation d'une épidémie d'érysipèles qui a marqué la fin des observations de cette complication, ordinairement régnante [1].

Les améliorations qui ont transformé ce service prenaient fin au moment où j'ai dû quitter l'Hospice-Général pour prendre le service de la Clinique chirurgicale à l'Hôtel-Dieu. Le moment m'a donc paru propice pour les exposer et montrer ce qu'il est possible de faire un peu partout, avec la foi, le dévouement — et l'aide de l'Administration.

Celle-ci ne m'a jamais fait défaut ; je suis heureux de l'affirmer ici, et de saisir même cette occasion de dire hautement à ce sujet ma façon de penser. Si beaucoup d'Administrations hospitalières comprennent mal quels devraient être leurs rapports avec le corps médical, il en est bien peu qui ne soient animées de la

---

(1) De l'érysipèle infectieux et broncho-pneumonie érysipélateuse. (*Communication* à *l'Académie de Médecine*, 1889).

meilleure volonté pour le bien des malades. Mais il faut avouer qu'elles sont souvent fort embarrassées. Les médecins ne se font pas faute de démontrer, d'accuser l'incompétence des Commissions ; mais, pour être logiques, ils devraient éclairer cette incompétence par tous les moyens possibles, exposer nettement les desiderata de leurs services et ne pas se contredire entre eux. Quand nous voyons encore dans certain service chirurgical trôner le pansement sale, imaginons-nous bien quel temps il a nécessairement fallu à des Administrateurs, étrangers à la médecine, pour se convaincre qu'il fallait substituer à l'antique et économique cataplasme les coûteux pansements de Lister? Le médecin qui veut obtenir quelque chose doit être d'abord persuadé qu'il lui faudra démontrer l'utilité, la nécessité de ce qu'il demande, et le réclamer avec opiniâtreté, quand de justes soucis d'économie font hésiter une Administration devant des dépenses nouvelles. S'il sait ce qu'il veut et qu'il le veuille bien, il saura convaincre et obtenir. — Fermons la parenthèse.

Comme tous les vieux établissements de ce genre, l'Hospice-Général de Rouen est installé dans de vastes bâtiments circonscrivant une cour, offrant, par conséquent, une orientation très diverse et une aération très imparfaite. Le service chirurgical comprend 4 salles au 1er étage, deux de vieillards (hommes et femmes), deux d'enfants (garçons et filles) orientés, l'une de l'est à l'ouest, les autres du nord au sud. Jusqu'à ces derniers temps, la nécessité (?) de séparer les sexes avait fait conserver l'intercalation des salles de médecine et de chirurgie. Il en résultait que médecins et chirurgiens devaient traverser le service du voisin. C'est une nécessité qui s'impose, d'ailleurs, dans presque tous les hôpitaux, et qui est déplorable, par suite des dangers de transmission des maladies contagieuses [1].

Il en résulte aussi, et il en résultait pour moi la nécessité d'avoir deux salles d'opérations, mal aménagées toutes deux bien entendu, et dans lesquelles la pratique de l'antisepsie régulière était impossible. Quand on connaît la difficulté d'obtenir du personnel, médical ou non, les précautions nécessaires, on com-

---

[1] Je devais traverser la salle de médecine contenant les diphtéritiques. Cependant, je dois constater qu'aucun cas de diphtérie communiqué de cette manière ne m'a paru s'être produit dans mon service.

prendra quel désir on peut avoir de réduire le nombre des agents responsables au minimum possible.

Réunir mes diverses salles et obtenir la construction d'une salle d'opération unique et bien conçue devint mon but principal.

La réunion fut obtenue par le transfert de la salle de garçons-médecine dans un autre point et l'installation des garçons-chirurgie à leur place. De cette manière, les quatre salles se trouvent à la file, seulement séparées par deux paliers d'escalier. Je montrai ensuite qu'il était possible de construire une salle d'opération au centre même du service, de manière qu'elle pût facilement le desservir. C'est ce qui fut fait, de la manière que nous verrons. Enfin, divers remaniements furent opérés.

Nous pouvons maintenant exposer l'organisation du service et son fonctionnement.

Les quatre salles du service comprennent, en totalité, 108 lits. On peut disposer, en outre, de chambres d'isolement, au nombre de cinq, à un ou deux lits, donnant 3 lits aux hommes, 3 aux enfants, 1 aux femmes. Au total, 115 lits.

Ces salles ont un plancher ciré, sont débarrassées de plinthes. Les murs et le plafond, repeints récemment, ont reçu une couche de peinture vernissée qui supportera le lavage. Elles sont malheureusement trop basses, cependant la ventilation s'y fait assez largement par les impostes des fenêtres pour que l'odeur soit habituellement nulle le matin. L'éclairage est donné par des becs de gaz ordinaires, sauf pour la salle des hommes où l'installation de becs à récupération paraît avoir apporté une amélioration à une ventilation auparavant imparfaite. Au point de vue de l'assainissement de l'air, il est à désirer que ce perfectionnement soit poursuivi, — si toutefois l'électricité ne pouvait être installée. Le chauffage se fait par des poêles ou un calorifère ; j'aurais à signaler là certaines imperfections.

Outre les chambres d'isolement, deux pièces ont pu être réservées, l'une à l'analyse des urines, petit laboratoire dans lequel un microscope serait nécessaire, l'autre aux examens spéciaux des yeux, des oreilles, du larynx. Outre le gaz, installé dans cette pièce, la lumière électrique est fournie par une pile de Trouvé, actionnant un photophore Hélot.

SALLE D'OPÉRATIONS.

Je crois superflu d'exposer longuement, à l'heure actuelle, les raisons qui m'ont fait réclamer avec insistance la construction d'une salle d'opérations. Près du corps médical au moins, cette cause est gagnée, et nous ne devons plus penser qu'à suivre l'exemple donné malheureusement par nos rivaux et nos ennemis, et à faire mieux qu'eux, s'il est possible. Cependant, ces salles-modèle sont bien peu nombreuses, et il est encore instructif de discuter les meilleures conditions qui doivent présider à leur construction. J'ai antérieurement soutenu à ce sujet [1] quelques discussions avec M. Lucas-Championnière, dont le nom doit faire autorité en tout ce qui touche la chirurgie nouvelle. M. Championnière reproche aux chirurgiens de vouloir maintenant faire trop et surtout trop beau et de dépenser inutilement de l'argent ; lui-même a su obtenir de beaux résultats dans des baraques autrefois infectées et ne présentant évidemment pas une installation luxueuse.

Certes, ses conseils sont à méditer. On doit rejeter tout ce qui n'est que luxe et ne pas croire que le milieu où l'on opère ait la vertu de réparer les fautes que ferait l'opérateur. Mais il y aurait loin de là à proclamer que de mauvaises installations sont parfaitement suffisantes et je dis plus : le souci de faire le strict indispensable me paraît d'un exemple fâcheux. M. Lucas-Championnière a fait rebâtir une nouvelle salle où il fait certainement de merveilleuse chirurgie ; mais pour quelques centaines de francs de plus, il aurait un meilleur éclairage, des parois plus solides et un lavabo plus commode. A moins que cette salle ne soit pas destinée à rester, je me permets de trouver cette modeste économie peu enviable.

Ce que l'on ne saurait trop affirmer, par contre, c'est qu'une surveillance de tous les instants est indispensable au chirurgien à qui l'administration vote la construction qu'il a demandée, et que lui seul doit en arrêter tous les détails. Prenez l'architecte le plus instruit, le plus consciencieux, le mieux disposé à faire les meilleures choses; commandez-lui une salle d'opérations. Eût-il même examiné ce qui s'est fait de meilleur en ce genre, vous

---

(1) Voir Normandie médicale, 1889.

pouvez être persuadés qu'il aura porté son attention sur des choses dont vous vous souciez fort peu et que d'autres, très importantes à votre point de vue, lui auront échappé. De la meilleure foi du monde, il fera des absurdités. Et ne vous fiez même pas à ses promesses de faire telle et telle chose que vous lui aurez indiquées; il les changera sans même penser qu'il doive vous en avertir [1].

Nous avons visité la meilleure peut-être qui ait été faite en France, la salle de M. Maunoury, de Chartres, qui a expliqué dans une notice très claire et très méthodique le pourquoi de toutes ses dispositions. Nous en avons vu ensuite à Paris, à la Charité (!), à Saint-Antoine, à Lariboisière, à la maison de Santé, etc. La critique en serait trop aisée; il nous suffit de dire qu'il saute aux yeux que les chirurgiens à qui on les a livrées n'ont pas fait de cette construction leur *chose* personnelle. A Lyon, au contraire, M. Poncet a certainement tout inspiré; c'est à lui qu'on pourrait sans doute reprocher un peu de luxe. A l'hôpital Bichat, M. Terrier semble aussi avoir surveillé tout l'aménagement.

On verra que nous avons presque complètement copié l'installation de M. Maunoury, sans modifications essentielles. Nous pouvons regretter, comme lui, de ne pas avoir des salles séparées pour opérations sur malades non infectés et malades infectés, une chambre pour la chloroformisation. Mais nous pensons que cela n'est pas indispensable si la désinfection de la salle est facile et rapide, l'infection difficile, dans un service où deux opérations le même jour sont relativement rares, et où l'on n'opère pas tous les jours. Il nous faut bien ajouter aussi que, l'eussions-nous désiré, nous n'aurions pu obtenir davantage.

Situation. — Il faut reconnaître qu'il n'est pas toujours facile dans les vieux hôpitaux et même dans les nouveaux, où cette installation n'a pas été prévue, de trouver une situation propice et s'appliquant commodément à la distribution existante. L'administration tient à conserver intacte une certaine régularité des bâtiments qui entourent une cour principale, et ceux-ci sont d'or-

---

[1] Je me plais d'ailleurs à reconnaître l'amabilité parfaite avec laquelle M. Lefort, architecte du département, chargé de la construction, s'est toujours incliné devant mes désirs, se bornant à mettre à ma disposition une science technique justement appréciée à Rouen.

dinaire enserrés, tassés de telle sorte qu'ils ne laissent pas de place à des constructions nouvelles s'adaptant aux anciennes. Ou bien il faut se résigner à une orientation défectueuse, car il est presque inutile d'ajouter que le nord et l'ouest, les opérations se pratiquant d'habitude le matin, constituent l'orientation de choix. Ou l'obligation de tamiser la clarté solaire avec des stores apporte alors la nécessité de systèmes au moins encombrants et inutiles qui finissent par l'atténuer plus qu'il ne serait désirable. En été, les pièces exposées au midi, avec la nécessité d'avoir au moins un appareil à eau chaude dans la pièce, voient monter le thermomètre à un degré presque insupportable pour les opérés et l'opérateur.

J'ai pu éluder cette difficulté sans avoir l'obligation, comme l'a fait M. Maunoury, de demander la construction d'un pavillon séparé, dont le service ne va pas sans soulever des difficultés et imposer des dépenses nouvelles.

Trois de mes salles sont orientées à peu près du nord au sud. Entre les salles d'hommes et les salles de femmes, le service enjambe la séparation de deux cours, séparation constituée par une cuisine isolée entre deux passages.

Je demandai la construction d'une salle nouvelle sur le passage sud (orientation nord), au 1er étage, par conséquent au niveau même de mes salles. Elle s'appuie ainsi d'une part sur le bâtiment principal, de l'autre sur le mur latéral de la cuisine, est isolée complètement des deux côtés et d'un troisième dans les 2/3 de sa hauteur (à la naissance du toit de la cuisine). Le dessous n'a pas été conservé comme passage ; il a été utilisé comme dépôt annexé à la cuisine. On a donc construit, en résumé, deux murs reliant la cuisine au bâtiment, en pierres de taille du côté de la cour d'honneur, en briques dans l'autre cour, ainsi que pour la surélévation du mur de la cuisine. Le plancher est fait de solives en fer s'appuyant sur les deux murs préexistants. Ce 1er étage ainsi isolé n'est pas disgrâcieux et n'a de légèrement choquant que la coupe, par les plans inclinés du toit, du 2e étage du grand bâtiment, au niveau des 2 fenêtres.

Accès. — On accède à la salle d'opération par un vestibule dans lequel se trouvent uniquement : le foyer du calorifère, des armoires pour le linge et les objets de pansements encore en paquets, un meuble spécial pour les instruments. Ceux-ci sont placés par catégories dans des tiroirs hermétiquement fermés et l'armoire est munie en plus d'une porte, en sorte qu'ils ne craignent pas de recevoir de la poussière. Le long des murs se trouvent des patères où l'on place les chapeaux, les pardessus, les tabliers ou autres vêtements avec lesquels on aurait déjà pu toucher d'autres malades.

L'entrée du vestibule se trouve sur le palier d'un escalier, en sorte que l'on peut y accéder du dehors sans passer par aucune salle de malades.

Entre le vestibule et la salle d'opération s'ouvre, du côté du vestibule, une porte en tôle lisse et peinte.

La salle édifiée comme je l'ai dit plus haut, représente un quadrilatère un peu irrégulier par suite du non-parallélisme des deux bâtiments entre lesquels elle se trouve ; les côtés ont en moyenne 6 mètres. La hauteur est de 3^m60.

Les 3 parois libres présentent d'immenses fenêtres allant du plafond à 0^m95 au-dessus du sol pour deux d'entre elles, à 1^m60 pour la fenêtre du fond (nord), dont l'appui ne pouvait descendre au-dessous de la naissance du toit de la cuisine. — La fenêtre du côté Est (cour d'honneur) occupe presque toute la largeur du mur, elle a 3^m20 ; celle du fond également ; celle de l'Ouest est rejetée un peu vers le fond et a seulement 2^m40. Elles sont toutes en fer à T formant croisillons ; les plats des fers regardent en dedans et, par conséquent, les verres, doubles et striés, qui les garnissent sont mastiqués en dehors. Les saillies sont ainsi réduites au minimum. Les deux vantaux du milieu, représentant une largeur de 0^m80 cent., peuvent s'ouvrir en dehors dans toute la hauteur. Les bords sont de niveau avec le revêtement de la salle.

Le plafond est tout entier en verre, formé de plaques reposant sur des traverses de fer, absolument comme pour les fenêtres, sauf leurs plus grandes dimensions. Je n'avais demandé qu'une partie du plafond en verre. Au point de vue du chauffage, je ne sais si cela n'aurait pas mieux valu. Mais je dois reconnaître que j'ai ainsi, avec les grandes fenêtres, et malgré les vitres striées mises partout, un peu inutilement pour beaucoup, un éclairage extraordinaire, et tel que dans toutes les positions, les cavités les plus profondes sont éclairées dans tous leurs recoins. C'est là un avantage inappréciable.

Dans un coin du plafond, j'ai mis, comme le conseille M. Maunoury, un verre perforé de 20 centimètres de côté ; il suffit parfaitement à empêcher tout dépôt de buée incommode.

Pour la nuit, une lampe à récupération et à flamme renversée (système Godde) descend du plafond à 1 mètre au-dessus de la table d'opération. Je n'ai pas eu l'occasion d'opérer à la lumière ; mais on a déjà signalé les inconvénients du gaz, tant par son pouvoir calorique si gênant que par le mélange des gaz de combustion avec le chloroforme qui irrite violemment les voies respiratoires, provoque la toux. Il est fâcheux que la lumière électrique ne puisse être installée.

Le plafond vitré est plat ; il est surmonté d'un toit laissant un intervalle par où on peut le débarrasser des poussières qui s'y déposent, malgré les précautions prises pour les arrêter. Ce toit est formé de 3 plans (2 latéraux, 1 antérieur) fortement inclinés, tous trois occupés pour la plus grande partie par des vitrages. Leur surface vitrée est plus grande que celle du plafond.

La pièce tout entière présente un revêtement uni en ciment de Portland, avec suppression de tous les angles. — La mode parait être à Paris, et même dans la si remarquable salle de M. Poncet (de Lyon), de tapisser les murs jusqu'à une certaine hauteur de plaques de verre, intimement jointées: les parquets sont en carreaux. Je ne veux pas prétendre que la propreté ne puisse y être très suffisante ; mais je ne comprends pas bien que l'on efface les angles pour y substituer de nombreux interstices dont le ciment ne tarde pas à se dégrader sous l'influence de l'eau et de la chaleur. Les points morts ne peuvent absolument être tous supprimés ; mais ce n'est pas les éviter que de carreler le plancher et de mettre le long des murs des plaques de verre à raccords plus ou moins parfaits. J'ajouterai que ces plaques de verre, même épaisses, ainsi encastrées, cassent assez facilement. Il faut chercher le revêtement *d'un seul morceau :* on l'a par le stuc, la chaux hydraulique ou le ciment. J'ai eu un exemple déplorable de stuc, à Rouen même. Celui-ci se fendille trop facilement si les murs ne reposent pas sur des fondations profondes et sans

— 9 —

interposition de matériaux dilatables. Une pièce exposée de trois côtés a trop de chances d'infiltrations qui, en pénétrant par la face profonde du stuc, le ramollissent et l'assimilent à du plâtre fin vulgaire.

Je n'ai pas vu d'application de la chaux, excellente paraît-il; mais le ciment est satisfaisant. M. Maunoury a signalé l'inconvénient qu'il présente de mal supporter la peinture. Mais ceci n'existe que les premiers mois, et, actuellement, je tiens de M. Maunoury qu'une nouvelle couche de peinture a parfaitement tenu; il faut seulement avoir la patience d'attendre un an. Au reste, un ciment fin et bien appliqué ne laisse pas grand'chose à désirer, même sans peinture; il est assez lisse pour être parfaitement lavé et sa couleur grisâtre, après séchage complet, n'est pas désagréable. On pourrait le laisser tel quel. Cependant il a les inconvénients nécessaires de tous les enduits durs. Il se fendille beaucoup moins que le stuc certainement, mais encore un peu, quand on repose sur un plancher en fer; j'ai vu apparaître depuis un an quelques fêlures peu importantes[1]. Je les regarde actuellement comme définitives. Aux points où le ciment affleure d'autres matériaux, les encadrements en fer par exemple, les parties amincies s'effritent au bout de quelque temps. Il faut donc, à mon avis, laisser se produire tous ces petits accidents, puis, ensuite, les réparer avec du mastic et appliquer par dessus une bonne couche de peinture vernissée[2]. Il faut ajouter que le ciment a encore l'avantage de coûter trois fois moins que le stuc.

Tous ceux qui l'ont employé ont loué sans réserves le plancher en ciment, nous ferons de même; celui de notre salle

[1] Je ferai cependant encore quelques petites recommandations pratiques pour éviter, autant que possible, ce fendillement. L'ennemi du ciment est la trop grande sécheresse, ou, si l'on veut, la rapidité du séchage. Il faudrait éviter de faire du feu d'une manière trop vive pendant les premiers temps; de plus, l'arrosage fréquent des murs, pendant la période de séchage, le ralentit légèrement et facilite sa régularité — En réalité, je serais porté, si j'avais une autre occasion, à essayer la chaux hydraulique.

Le plâtre ordinaire ne saurait être admis; il n'est pas suffisamment protégé pour le lavage; mais je serais porté à le regarder comme très convenable après durcissement spécial. M. Vallin, ingénieur, a exposé à l'Esplanade des Invalides, en 1889, des surfaces de plâtre fin durci et revêtues ensuite d'un enduit particulier, la *marmoréine*, qui lui donne un aspect lisse, supprime l'absorption, et le préserve de toute dégradation même par l'emploi des acides. Le bon marché de cette préparation et sa facilité d'application me paraissent la rendre très recommandable.

[2] Une peinture vient d'être appliquée à la fin de mars; elle paraît parfaitement tenir; mais l'épreuve demande quelque temps.

repose sur une couche en béton et présente, sans rigoles proprement dites, une inclinaison générale vers un angle de la salle ; inclinaison un peu insuffisante, malgré toutes mes observations, et qui nécessite l'emploi du balai. Mais cela a peu d'inconvénients, car le parquet ne reçoit guère d'eau que par le lavage ; pendant l'opération, les grandes irrigations ne se font plus guère.

A l'angle susdit a été ménagé un simple trou continué au dehors par un court tuyau de plomb ; celui-ci déverse l'eau au-dessus d'un entonnoir annexé au tuyau de grès qui aboutit à l'égout. Ce tuyau de grès est siphonné. De plus, l'interruption qui existe entre l'entonnoir et le tuyau de plomb ajoute à cette précaution une ventilation constante rendant peu probable la moindre odeur. Cette disposition me semble préférable aux siphons placés au milieu du plancher. Un peu d'eau séjourne toujours au-dessous de la grille, et elle y est toujours sale. Un trou garni de ciment ne peut s'encrasser. Une simple bonde empêche qu'il ne constitue une prise d'air appréciable. D'ailleurs, j'ai réduit au minimum possible, comme on va le voir, le liquide infecté devant s'écouler sur le sol.

Distribution de l'eau. — Le tuyau principal, branché sur la distribution d'eau de la ville, qui est de l'eau de source, pénètre par le plancher et présente un peu au-dessus un robinet d'arrêt. Il émet ensuite à différentes hauteurs trois branchements destinés à divers appareils, disposés les uns pour le lavage, un autre pour le filtrage ; — ces divers appareils sont disposés autant que possible l'un près de l'autre, de manière à diminuer la longueur des tuyaux ; ceux-ci courent le long des murs, maintenus à une distance de 2 ou 3 centimètres par des crampons munis de colliers.

C'est la paroi d'entrée et la paroi ouest, dont la fenêtre est assez éloignée, qui portent tout l'ajutage. On y trouve un lavabo, un vidoir et un filtre :

1° *Lavabo.* — Il se compose d'une tablette en lave émaillée supportant deux cuvettes basculantes en porcelaine. Au-dessus des cuvettes, avance un robinet unique terminé par une petite pomme d'arrosoir. La tablette est à une hauteur de 90 centimètres au-dessus du sol et le robinet au-dessus d'elle à une distance telle que les avant-bras puissent facilement être promenés au-dessous. Ce robinet est l'aboutissant d'un appareil mélangeur à cadran, de manière à donner l'eau à la température désirée.

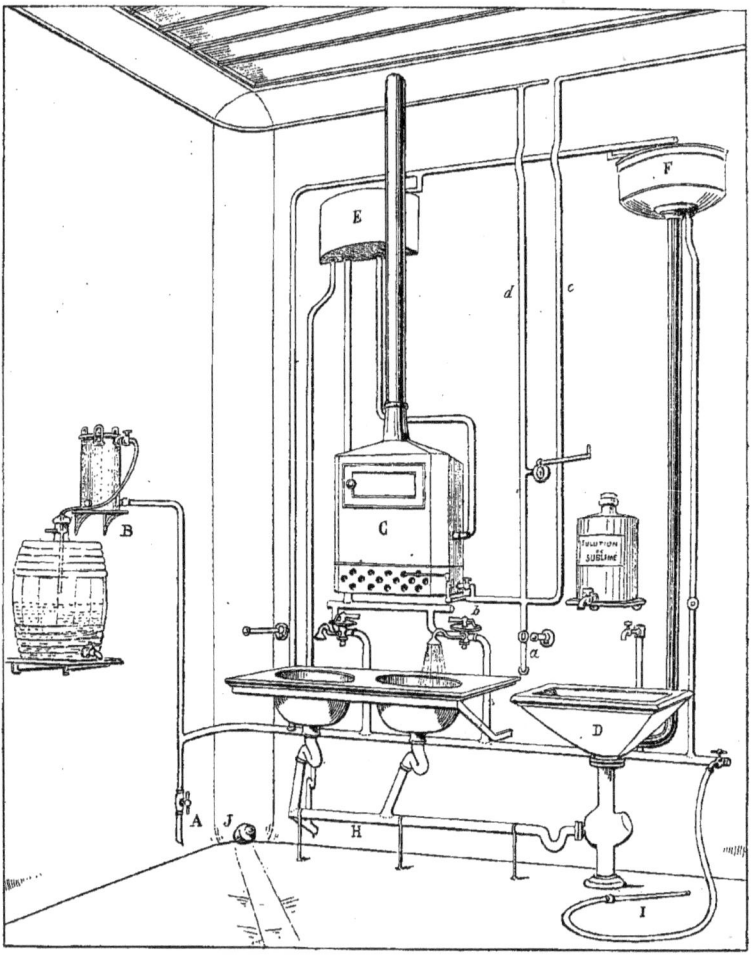

(D'après une photographie et un peu schématisé).

A. Tuyau d'arrivée de l'eau. — B. Filtre Chamberland. — C. Chauffe-eau et chauffe-linge. — D. Vidoir. — E. Réservoir pour le chauffe-eau.— F. Chasse d'eau. H. Tuyau d'évacuation des eaux sales. — I. Lance d'arrosage. — J. Bonde pour l'orifice d'évacuation des eaux tombées par terre.

a. Tuyau d'arrivée du gaz. — b. rampe de gaz pour le chauffe-eau. — c. tuyau de gaz se rendant à la lampe Godde. — d. tuyau de gaz se rendant à un fourneau pour faire bouillir l'eau et les instruments.

L'eau froide vient directement du tuyau de distribution; l'eau chaude est fournie par un chauffe-eau servant en même temps de chauffe-linge. Une cuve en cuivre chauffée au gaz par 3 rangées de becs Bunsen (avec tuyau d'évacuation pour les gaz) reçoit l'eau d'un réservoir alimenté par un flotteur. Elle communique avec ce même réservoir par un autre tuyau destiné à évacuer la vapeur qui se forme quand l'eau est en ébullition. Le chauffe-linge est placé au centre de cette cuve, mais reçoit aussi directement par en bas l'action des becs de gaz, avec simple interposition d'un lit d'amiante. Eau et linge se chauffent rapidement; il suffit d'allumer l'appareil en préparant l'opération dans les cas d'urgence.

L'installation de l'eau pour le lavage des mains, telle que je viens de la décrire, me semble parfaite; je ne saurais trop la recommander. L'eau tombe tiède, en pluie fine, sur les mains et les bras largement savonnés, aussi longtemps qu'il est nécessaire, et toujours pure par conséquent. On ne se lave *jamais* dans les cuvettes, dans lesquelles, en fait, les mains ne trouvent jamais d'eau propre pour le lavage tel qu'on le pratique habituellement. Aussi je me reproche seulement d'avoir fait installer ces cuvettes; sans être convaincu avec M. Lucas-Championnière que les cuvettes basculantes puissent être une source d'infection, quand les récepteurs sont bien nettoyés, et en les regardant cependant comme supérieures aux cuvettes à fermeture, je les considère comme au moins inutiles. On peut les supprimer; l'eau tomberait sans arrêt du robinet dans une cuvette ronde ou allongée, ouverte en bas, en lavant les mains au passage.

De chaque côté du lavabo sont deux supports nickelés pour les serviettes. Avec les mélangeurs et les robinets, ce sont les seules parties nickelées; le reste des tuyaux est peint en blanc. Le lavage de la salle me semble très suffisant pour les nettoyer et leur nickelage, tel qu'il existe à Lyon, me paraît un luxe inutile et demandant des soins de nettoyage hors de toute proportion avec son utilité.

Sur la tablette du lavabo, deux bassins de faïence contiennent le savon, des brosses de chiendent plongeant habituellement dans une solution de sublimé, et des limes à ongles.

2° *Vidoir*. — Un vidoir en grès vernissé reposant sur le sol, à cuvette de forme pyramide tronquée, est destiné à recevoir toutes les eaux sales résultant ou du lavage de la région à opérer quand on peut recevoir l'eau facilement, ou du lavage des éponges. Ces eaux sont immédiatement évacuées et envoyées à l'égout. Le branchement est commun au lavabo et au vidoir, celui-ci étant *en amont* ; tous les tuyaux sont siphonés séparément et les siphons pourvus de prises d'air. De plus, quand toutes ces parties ont été parcourues par de l'eau sale, le tuyau est nettoyé en entier par une chasse d'eau annexée au vidoir. Au-dessus de celui-ci est encore situé un bocal de sublimé à 1/1000 pour le lavage des mains suivant le même principe que le lavage à l'eau simple.

3° *Filtre*. — Il m'a paru inutile de faire filtrer l'eau destinée au lavage des mains, ce qui complique singulièrement l'installation et peut-être, avec les appareils que j'ai vus, ne donne pas une sécurité absolue. Le filtre Chamberland, à 7 bougies, ne sert qu'à alimenter un bocal en verre de 30 litres recevant l'eau destinée aux usages opératoires. Cette eau sera d'abord bouillie sur un fourneau à gaz dans un récipient en nickel ou en cuivre, et servira ensuite au premier lavage des éponges salies, à la préparation des solutions antiseptiques.

4° Près du vidoir est un robinet sur lequel se visse un tube de caoutchouc de 4 mètres de long terminé par une lance pour le lavage de la salle.

Gaz. — Le gaz débouche dans la salle vers la même paroi et fournit plusieurs prises destinées : aux trois rampes du chauffe-eau ; à un bec de gaz placé près du lavabo ; à la lampe Godde pendant du plafond ; à un fourneau à gaz appendu à la paroi, servant à faire bouillir l'eau filtrée et les instruments.

Chauffage. — Il est assuré par un calorifère dont le foyer s'ouvre dans le vestibule et qui ne fait aucune saillie dans la salle. La paroi antérieure est formée de larges morceaux de faïence blanche surmontés d'une bouche de chaleur occupant toute sa largeur et ayant 25 centimètres de hauteur. Sur la paroi opposée est l'orifice d'un tuyau de poterie retournant dans le foyer du calorifère au-dessous du plancher, afin de chauffer également les parois de la salle. Mais je dois dire que l'appel d'air se fait avec une bien plus grande intensité vers la plaque perforée du plafond, ce qui m'a été démontré matériellement à un moment où le calorifère laissait passer quelques cendres. Le chauffage égal de tous les points de la salle n'est donc pas parfaitement réalisé.

Quelle que soit la puissance du calorifère, la salle est un peu vaste, surtout avec le refroidissement intense apporté par ses immenses fenêtres. Aussi les froids excessifs qui se sont produits cet hiver ont-ils amené la congélation des solutions contenues dans les bocaux; il faut à ce moment y faire du feu tous les jours. Il faut aussi l'allumer assez longtemps avant l'opération pour arriver à une température de 20°.

En revanche, en été, le moindre bec de gaz allumé pour chauffer de l'eau, malgré notre position au nord, donne une chaleur gênante, par suite du non-renouvellement de l'air; aussi est-il nécessaire d'établir un vasistas à l'une des fenêtres [1].

Matériel. — Chaque chirurgien adopte ou invente un lit d'opération en fer ou en verre qui lui plaît particulièrement. Je n'ai pas manqué à cette habitude, mais en simplifiant les choses de manière à ne pouvoir être dépassé sous le rapport de l'économie.

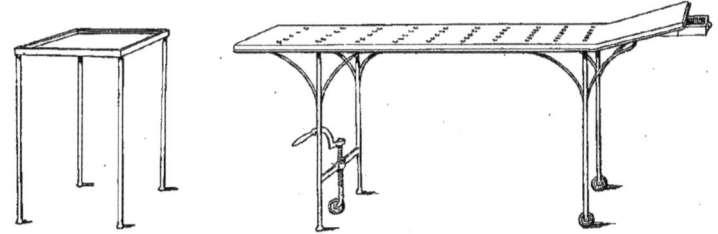

Table pour les instruments.   Lit d'opérations.

Je l'ai fait simplement construire par le serrurier de l'hôpital. Il se compose d'un bâti en fer (tubes creux pour les pieds), recouvert d'une lame de zinc trouée pour l'écoulement des liquides. Le chevet est légèrement incliné. La lame de zinc peut s'enlever; tout est facile à nettoyer. Les deux pieds de derrière sont munis

---

[1] Dois-je, à ce propos, parler des *épurateurs d'air* établis dans des salles nouvelles pour purifier l'air à son entrée dans la salle? J'attends le moment où l'on installera une pompe à mercure pour vider d'abord la salle de tout l'air qu'elle contenait.....

de roulettes ; ceux de devant sont plats, de manière à assurer la stabilité. Mais un mécanisme très simple fait descendre une roulette entre les deux, de manière à pouvoir aller chercher ou emmener les opérés graves sans se servir du brancard. C'est, à ce point de vue, le lit de M. Championnière, mais en métal et avec écoulement des liquides réalisé par les trous et une légère concavité centrale. Il est d'une légèreté extrême et coûterait environ 150 fr.

Je ne crois pas qu'il soit utile de mettre le malade à nu sur cette table. Elle est recouverte de coussins de crin épais de différentes dimensions, dont l'un peut être retiré indépendamment des autres, si un lavage abondant doit être opéré sur une partie du corps ou pour faciliter l'application d'un bandage.

Deux petites tables, également en bâti de fer et portant l'une une tablette de verre, l'autre une lame de cuivre, servent à supporter les cuvettes pour les instruments et le lavage des éponges.

Ce matériel doit être complété par des tabourets en fer bronzé ou nickelé et des supports pour les cuvettes de sublimé mises à portée de l'opérateur et de son aide.

Rien autre chose n'encombre la salle. Les matériaux de pansement, les bocaux à éponges, les solutions, etc., sont rangés sur des tablettes de verre de 10 millim. d'épaisseur et de 30 ou 40 centim. de largeur, qui reposent sur des supports en fonte cimentés dans le mur et pourvus d'un talon les maintenant à quelques centimètres de la paroi. En outre, deux glaces plus larges (60 centim.) reposent sur des supports analogues et servent de tables.

On s'est élevé contre l'emploi de ces glaces *luxueuses*. Je ne prétends pas qu'elles soient indispensables ; des rayons de bois peuvent suffire, mais : 1° leur surface lisse permet d'apercevoir la moindre poussière et force la propreté ; 2° elles permettent le lavage à la lance ; 3° elles sont inusables et il faut de la bonne volonté pour les casser ; 4° elles ne coûtent pas cher, quoi qu'on en dise. — Ces tablettes offrent une longueur totale, plus que suffisante, de 12 à 13 mètres.

Ainsi organisée, cette salle revient à environ 11,000 fr., tout compris.

FONCTIONNEMENT DU SERVICE.

Les malades qui arrivent dans le service n'y entrent qu'après nettoyage et avec des vêtements propres. Pour cela, à moins d'impossibilité absolue constatée par l'interne de garde, ils sont conduits aux bains où ils sont lavés des pieds à la tête par aspersion d'eau tiède, et savonnés en même temps. Après cette toilette, ils reçoivent des vêtements propres de l'hôpital. Leurs vêtements personnels, quand ils peuvent se lever, ne leur sont remis qu'après un passage à l'étuve.

Les pansements sont habituellement faits à l'iodoforme pour les plaies aseptiques, à l'ouate hydrophile imbibée d'eau phéniquée pour les plaies suppurantes. La gaze et l'ouate découpées d'avance, sont envoyées à l'étuve dans des boîtes en fer-blanc. Des compresses stérilisées par l'ébullition dans l'eau phéniquée servent à l'essuyage de la peau autour de la plaie. Les irrigations nécessaires dans les plaies suppurantes sont faites, autant que possible, sans seringues. J'ai fait faire une table à pansement en bâti de fer et recouverte de deux plaques de verre dont une extrémité, s'élevant à volonté, supporte deux flacons laveurs contenant de l'eau phéniquée et du sublimé; des tubes de caoutchouc avec embout en caoutchouc durci permettent d'atteindre toutes les parties du lit. Cette table repose sur des roulettes en bois de gaïac; dessus sont rangés tous les matériaux de pansement dans des boîtes ou des bocaux.

Les pansements se font presque tous dans la salle, quelques-uns seulement à la salle d'opérations pour le premier pansement. Cependant c'est là une pratique à généraliser, ne fût-ce que pour la désinfection des mains, qui se fait plus difficilement dans les salles ordinaires. Le chef de service et les élèves n'ont que des vêtements ordinaires qui sont envoyés de temps en temps à 'étuve.

Opérations. — Toutes les opérations se font dans la même salle, qu'il s'agisse de plaies déjà infectées ou de tissus sains. J'ai déjà dit que cette nécessité pouvait être regrettable, mais qu'avec un entretien soigneux il était possible de s'en contenter. C'est là, en effet, un des grands avantages des installations minutieusement comprises que la moindre négligence est visible, que le personnel sait d'avance que sa paresse sera facile à vérifier; on peut voir là le meilleur moyen de le stimuler.

Cette propreté de la salle est assurée par l'aération: les fenêtres sont largement ouvertes toute la journée qui suit une opération; et par le lavage à grande eau des parois avec la lance dont nous avons parlé.

Au moment de l'opération, qu'il serait toujours bon de faire avant la visite dans les salles, le chirurgien et ses aides dépouillent leurs vêtements dans le vestibule. Les manches de chemise retroussées, les mains et les avant-bras sont lavés, savonnés et brossés pendant 10 minutes environ sous le robinet d'eau tiède du lavabo; les ongles nettoyés à la lime.

Des blouses de toile grise fraîchement repassées, avec des demi-manches, sont alors endossées, avec des tabliers blancs; le nettoyage est enfin complété par le lavage à l'alcool et au sublimé.

Le malade a été préparé par des bains et des savonnages locaux de la région. Celle-ci est une dernière fois nettoyée par le savon, le sublimé et la brosse. Si la région à opérer est recouverte d'un pansement, il est enlevé et mis immédiatement dans un seau fermé. La région opératoire est entourée de compresses de toile ou de gaze ourlées, ayant bouilli dans une solution phéniquée à 5 % et dégorgées ensuite dans l'eau bouillie.

Les aides sont employés: l'un au chloroforme, un second au lavage des éponges, un troisième à l'assistance immédiate S'il en reste un disponible, il peut passer les instruments; mais l'opérateur peut facilement se servir lui-même, les ayant à sa portée. La sœur et l'infirmier-major chargé de l'entretien de la salle d'opérations sont employés à renouveler l'eau, les solutions, à présenter les éponges, sans y toucher, dans des bassins recouverts de compresses.

Les instruments, brossés et nettoyés avec soin après chaque opération, sont conservés dans des tiroirs fermés le plus hermétiquement possible et contenus eux-mêmes dans un meuble spécial. Avant l'opération, ils sont mis à bouillir un quart d'heure dans de l'eau filtrée bouillie additionnée de sel neutre ou légèrement alcalin pour élever la température d'ébullition. La glycérine est également excellente ; elle a l'inconvénient d'émettre une fumée désagréable si on la fait chauffer dans la salle même ; cependant je m'en sers quelquefois en évitant de la porter à l'ébullition, dont le point est très élevé.

Les quelques instruments à manche de bois qui n'ont pas été remplacés sont simplement placés dans la solution d'eau phéniquée faible, comme les autres après ébullition ; mais il est désirable que nous n'ayons plus que des manches métalliques. Les aiguilles de Reverdin sont conservées dans le chloroforme.

Les éponges sont nettoyées suivant le procédé de Terrier. Elles sont conservées sur des tablettes de la salle d'opérations dans des bocaux pleins d'eau phéniquée forte rangés en trois séries, les bocaux de chaque série étant utilisés suivant un roulement : éponges n'ayant jamais servi ; éponges ayant servi à des opérations aseptiques ; éponges ayant été en contact avec des plaies infectées. Retirées du bocal, elles sont mises dans de l'eau phéniquée faible. Souillées, elles sont lavées d'abord dans de l'eau bouillie et rincées dans de l'eau phéniquée. Le nettoyage se ferait mal d'abord dans cette dernière qui coagule le sang.

Pendant l'opération, il n'est presque jamais versé sur la plaie de liquides antiseptiques. Les précautions prises en assurent l'*asepsie;* c'est très suffisant. Cette méthode est actuellement le plus en vigueur, mais à condition bien entendu qu'il s'agisse de tissus sains. Si non, la plaie est désinfectée avec la solution phéniquée forte, ou la solution de chlorure de zinc au 10e, en particulier s'il y a une tendance au suintement sanguin.

Les ligatures sont faites au catgut préparé par le séjour dans l'alcool sublimé au 1000e et mis dans l'eau sublimée quelques instants avant d'être employé. Les sutures sont presque toutes faites au crin de Florence, conservé dans le sublimé, quelquefois avec de la soie bouillie et conservée de même, enroulées sur des bobines dans un appareil où on les dévide facilement.

Les drains, bouillis et plongés dans un bocal plein de solution de sublimé, sont ordinairement employés. Je les supprime seulement dans les plaies peu étendues, où la compression est facile à faire, où l'asepsie et l'hémostase sont assurées, tumeurs bénignes du sein, kélotomies, opérations sur les extrémités, etc...

Quand la réunion primitive est cherchée, ce qui est le cas évi-

— 19 —

demment habituel, la ligne de suture est saupoudrée d'iodoforme, recouverte de gaze iodoformée, d'une plus large couche de gaze phéniquée, puis de ouate hydrophile et de ouate ordinaire, maintenue ordinairement avec une légère compression par une bande de tarlatane amidonnée humide. Ces objets de pansement sont conservés dans la salle dans des boîtes de fer-blanc, après avoir passé à l'étuve (1). Je pense que c'est insuffisant, et c'est pour eux que je crois à l'utilité d'une étuve installée dans la salle, à air chaud ou à vapeur sous pression, stérilisant ces objets immédiatement avant leur emploi. C'est l'acquisition principale qui reste à faire pour compléter mon installation.

RÉSULTATS.

Le résultat immédiat d'une installation comme celle que je viens de décrire est de forcer le personnel à suivre les préceptes antiseptiques, et de lui en rendre la pratique facile et agréable. Comme le dit spirituellement un de mes collègues et amis, on ne peut pas entrer dans une telle salle et se trouver devant mon lavabo sans avoir *envie de se laver les mains*.

La surveillance facilitée au plus haut degré s'allie avec la simplification et la commodité données dans tous les détails de l'acte opératoire. Les préparatifs terminés, il ne doit plus y avoir besoin jusqu'à la fin de sortir de la salle, ni même de se déplacer pour ainsi dire. Tout se trouve réglé, à portée de la main ; un coup d'œil montre s'il se produit quelque faute de la part de n'importe quel aide.

Mes résultats sont donc ceux de tous les chirurgiens qui peuvent et qui veulent appliquer rigoureusement la méthode antiseptique. Certes je les obtenais presque constamment déjà avec

---

(1) L'hôpital ne possède qu'une étuve générale de Dehaitre à air chaud.

une installation des plus défectueuses. Ce sont eux-mêmes, je pense, qui ont été le meilleur plaidoyer près de l'administration pour en obtenir ce que je lui ai demandé. Mais combien plus confiant en lui-même est le chirurgien qui possède un outillage perfectionné ?

Les opérations les plus graves ont pu être faites avec un résultat très simple. Je me bornerai à citer mes trois dernières résections du genou que j'ai pratiquées dans cette nouvelle salle, et qui sont restées toutes trois 21 jours sous le pansement opératoire. S'il est vrai, comme le dit M. Lucas-Championnière [1], que ces opérations soient le critérium de l'habileté dans l'application de la méthode antiseptique, je puis considérer comme excellents les moyens mis à ma disposition pour la pratiquer.

---

(1) *Journal de médecine et de chirurgie pratiques*, novembre 1890.

PRINCIPAUX TRAVAUX DU MÊME AUTEUR

Myome à fibres lisses dans un muscle strié, in *Bulletin de la Société anatomique*, 1879.

De la mort rapide par le traumatisme chez les sujets atteints de néoplasmes profonds, *Th. de Paris*, 1881. Lecrosnier.

Note sur un cas d'hématocèle rétro-utérine, in *Archives de Tocologie*, 1881.

Erysipèle à foyers multiples et péritonite érysipélateuse, in *Archives de Médecine*, 1882.

Troubles trophiques dans un cas de diabète phosphaturique, in *Congrès de l'Association pour l'avancement des sciences*, Rouen 1884.

De la résection précoce dans l'ostéomyélite des os longs en voie de croissance, avec suppuration de l'articulation voisine, in *Bulletin du 1er Congrès de Chirurgie*, 1885.

Sur un nouveau cas de troubles trophiques dans le diabète phosphaturique, in *Bulletin du 2e Congrès de Chirurgie*, 1887.

Lymphangite mammaire dans la lactation, in *Normandie médicale*, 1886.

Des certificats médicaux dans les assurances sur la vie, in *Normandie médicale*, 1887.

Le Bec-de-lièvre, in *Normandie médicale*, 1887.

Asepsie et antisepsie, in *Normandie médicale*.

De la lymphangite mammaire en dehors de la lactation, in *Normandie médicale*, 1888.

Double cure radicale de grosses hernies, in *Normandie médicale*, 1889.

Erysipèle infectieux et péritonite érysipélateuse, (*Académie de médecine*, 1889).

Sur un cas de cancer atrophique de la langue, (*Société de Chirurgie*, 1890).

Cure radicale des varices appliquées au traitement de certains ulcères de jambe, (*Société de Chirurgie*, 1890).

Principes de l'assainissement des villes avec quelques applications à la ville de Rouen, br. in 8°, 1891.

Réponse à quelques objections concernant la mortalité à Rouen, br in 8°, 1891.

Mémoires sur des questions professionnelles, de medecine légale et d'hygiène, in *Normandie médicale*, 1885 à 1891.

www.ingramcontent.com/pod-product-compliance
Lightning Source LLC
Chambersburg PA
CBHW070525050426
42451CB00013B/2863